AF253805

L'ALGÉRIE.

L'ALGÉRIE.

APERÇUS SUR SON ÉTAT ACTUEL ET

SUR SON AVENIR,

PAR

Mr. de SAINT-AMANT,

Auteur de " VOYAGES EN CALIFORNIE et en ORÉGON," &c.

(*Avril* 1862.)

LONDRES:
IMPRIMÉ CHEZ W. ALLEN ET CIE., 4, BRYDGES STREET.

L'ALGÉRIE

Ouvrez les journaux de toutes les couleurs, jamais vous ne trouverez un mot sur l'Algérie, et je voudrais qu'on en parlât beaucoup.
(Général Daumas — Sénat — fév. 1862.)

Toutes les fois que j'entendais disserter sur l'Algérie, il me semblait qu'il y avait comme une contradiction inexplicable, entre tout le bien qu'en disaient les gens désintéressés qui l'avaient visitée, et la situation critique et misérable dans laquelle elle végète, nouée dans ses développements.

Une circonstance fortuite, inspirée par un bon mouvement conjugal autant que par la faculté médicale, m'ayant appelé sur cette terre africaine, j'ai pu enfin la connaître. Je voulais voir et j'ai vu.

Aujourd'hui que je sais à peu près à quoi m'en tenir, un calcul d'égoïsme ne m'empêchera pas de publier des révélations dont le retentissement peut être utile. Chacun doit son offrande, quelque minime qu'elle soit : le grain de sable ne concourt-il pas à l'édification du monument ?

Il y a beaucoup à louer et encore plus à critiquer. Malheureusement, le bien tient à l'essence même des choses, et le mal provient tout entier de la nature des hommes. Avec la liberté du choix j'eusse préféré l'inverse. Mais on a fait descendre l'Algérie, qui s'offrait riche et brillante de

toutes les qualités, au niveau de ces natures incomplètes dont
on dit : " Tant vaut l'homme, tant vaut la chose. " Et
comme l'homme y a tout gâté, tout empêché et semble ne
s'y être jamais inspiré que du génie du mal, sans le dé-
charger de la responsabilité qu'il encourt, essayons de relever la chose.

Certes, ce ne sont pas les personnages du jour sur qui
pèse la totalité du blâme : Il y aurait injustice criante à
rejeter tous les torts sur la génération actuelle. On mar-
cha, dès le principe, dans une faussé direction, à côté de
la ligne droite, et, à mesure que l'on s'éloignait du point
de départ, l'écartement n'étant pas rectifié, devait néces-
sairement devenir plus sensible. Malgré l'or et le sang
versés sur cette terre depuis un tiers de siècle, on n'a
réussi qu'à en faire une école militaire ; c'est quelque
chose, sans doute, mais ce n'est pas assez. Pour tout le
reste, l'Algérie est demeurée un problème, tant aux yeux
du logicien qui ne procède que du connu pour aller à
l'inconnu, que de la masse vulgaire qui juge brutalement
le fait par le fait même ; et comme on compte et qu'on
ne pèse pas les suffrages, c'est en réalité parmi cette masse
vulgaire que se résume l'influence des majorités et leurs
absurdités ; triste vérité, aussi pénible à s'avouer qu'à
supporter.

L'étude, incomplète sans doute, mais pleine de si
bonne foi, que j'ai été faire sur les lieux mêmes, dégagé
comme je l'étais de toute prévention et de toute opinion
préconçue, est le résultat de l'observation et du contact
avec les esprits les plus éclairés auprès desquels j'ai été
heureux de m'inspirer. Je n'avais personnellement que
l'autorité que peuvent donner les points de comparaison
entre l'Algérie et tant d'autres contrées neuves et en en-
fantement, où j'ai vieilli en face des moyens de succès
ou des causes d'avortement qui se déroulaient alternati-
vement à mes yeux, pendant le travail de fondation de
ces nouveaux centres de sociétés humaines.

" Lorsqu'après avoir longtemps parcouru la terre on se livre à une série de rapprochements entre la nature des contrées et leur peuplement, on reste confondu devant la singularité de la répartition. C'est alors que faisant abnégation de son être on en peut apprécier toute la faiblesse ; l'on méconnaîtrait en vain la part éphémère et infime que cet être a reçue dans la dispensation générale. On commence alors à pénétrer la mystérieuse distribution qui semble clouer de misérables créatures sur un sol ingrat et inhospitalier, tandis qu'à peine rencontre-t-on trace du pied humain dans des pays où tout est fleurs et soleil. "

Voilà ce que nous publiions, avec des développements, il y a quelques années, en arrivant de fouler les magnifiques jachères du Nouveau-Monde, évidemment réservées par la Providence aux générations présentes et à venir, comme une compensation à l'épuisement des terres sur lesquelles vécurent nos premiers pères.

L'Algérie, ancien théâtre d'une civilisation florissante, ne doit être classée ni dans la catégorie des terres neuves et vierges, ni dans celles des terres épuisées. Elle tient le milieu, participant plus de la première que de la seconde catégorie. Si elle eut un long intervalle de repos, ce fut la faute d'une population peu nombreuse et pas assez laborieuse pour sentir le besoin de retirer toute la substance de son sol ; et c'est par suite, qu'elle se présente aujourd'hui dans les plus heureuses conditions pour payer largement le tribut arriéré que le travail lui viendra demander. Le climat y est de toute splendeur, sans être complètement uniforme dans toute l'Algérie ; l'uniformité étant tout bonnement une impossibilité sur un territoire de cette étendue, lorsqu'on entend par *climat*, non-seulement la température de l'air, mais le résultat de la combinaison de l'atmosphère et du soleil avec la configuration physique du pays ; et c'est là justemen ce qui fait la part d'influence que l'homme exerce sur la climature. Ainsi, la province de Constantine est élevée et froide, celle d'Oran, au contraire, est basse et très chaude. C'est la province d'Alger qui se trouve dans le meilleur milieu, et encore y a-t-il à choisir : la ville est trop brûlante l'été, les plaines ne sont pas encore assez désséchées pour être toujours salubres. Mais le Sahel d'Alger, cette ceinture de la ville, collines et vallées, qu'on appel le *Massif*, favorisé d'une altitude délicieuse, n'a pas un seul point sur le globe qui puisse lui être préféré, et qui présente en toute saison, hiver comme été, de plus ravissantes jouissances, tant pour le bien-être de la santé que pour le charme de l'existence. Sous une lumière presque aussi vive que celle de l'Orient, on respire à pleins poumons un air tamisé d'un exquise suavité, faculté d'autant plus précieuse qu'elle se répète quelques milliers de fois chaque jour. Si l'on sait en jouir et ne pas attendre pour cela d'avoir perdu ce bien, comme on fait généralement de la santé, on conviendra facilement qu'il est à peu près impossible de mieux choisir un centre de bien-être, une position où l'on se sente plus agréablement vivre que dans cette banlieue de la ville, élevée de deux ou trois cents mètres au dessus du niveau de la mer, dont le panorama animé se déroule à ses pieds.

Nous reviendrons sur ce Sahel dont nous rasâmes le sol et exterminâmes les races indigènes aux premiers temps de notre occupation, et qui est un point, aujourd'hui déclaré par la science thérapeutique, aussi favorable que le Caire et Madère, c'est tout dire, pour les maladies des voies respiratoires, avec plusieurs avantages marqués sur ces deux localités, tels que d'être moins brûlant l'été, d'offrir plus de distractions et d'espace, et d'être moins éloigné de l'Europe. Les Anglais, qui commencent à s'y porter plus nombreux chaque hiver, avaient déjà sanctionné par l'usage l'heureux

choix de l'Algérie pour les affections de poitrine. Aucun
n'y est tombé victime ; aussi tous, en partant sous l'influence d'un meilleur état de santé, ne disent pas *adieu*
mais *au revoir*.

Après avoir d'abord exposé tout ce qui présente le
flanc à la critique dans l'administration de l'Algérie, nous
essayerons de placer le remède à côté du mal. Il y en a un
bien certainement, car une voix intérieure, qui ne trompe
pas, crie à tous ceux qui ont visité les lieux : "Ce pays
" mérite un meilleur sort et sera appelé un jour aux plus
" brillantes destinées." Signaler la cause du malaise de
l'état présent et les fautes du passé, est une tâche beaucoup plus aisée que de percer les arcanes de l'avenir.
Ici toutes les intelligences ne sont pas de trop : aussi,
loin de repousser personne, appelons tout le monde, au
contraire, afin que du choc de cette enquête, ouverte publiquement et en permanence, jaillissent enfin lumière et
vérité.

Le sentiment général accuse l'armée, cette même armée
qui a si héroïquement assuré la conquête, et qui y a
exécuté de si grand travaux, de ne pas s'être ensuite effa-
cée à l'ombre de ses lauriers. Représentation de la
force, elle ne devait pas se substituer au droit adminis-
tratif. " Délibérez en paix, je veille, " disait à nos représentants un illustre général que nous citons avec
d'autant plus de plaisir qu'il fût une des gloires africaines. C'est à veiller sur sa conquête que devait, en
seconde ligne, se retrancher l'armée, au lieu de pour-
suivre le *væ victis* sur les Arabes, au grand détriment de
leur civilisation et de la colonisation européenne, sur lesquelles pèse, depuis un temps infiniment trop prolongé, ce
régime mélangé de Turc et de caporal. Le militaire tenait
la position et présentait une excellente pépinière pour
l'armée française, qui lui est redevable d'une bonne partie de ses triomphes modernes. La répugnance de tous

les gouvernements qui se sont succédé depuis la conquête d'Alger, et ils sont nombreux déjà, s'explique donc tout naturellement, quand il s'agissait d'imposer à des vainqueurs, sur le champ même des batailles, le *cedant arma togæ*. Il faut pourtant s'y décider ou déclarer franchement que l'Algérie est et demeurera un fief militaire et ne sera jamais que cela.

On avait su vaincre, on ne sut pas être juste.

Les causes tinrent aussi aux différentes phases par lesquelles on dût successivement passer. Après avoir châtié le Dey et les Turcs, qui ne l'avaient pas volé, on se trouva en face de la race arabe, qui n'était nullement solidaire du Dey. Pour la soumettre, il fallut la vaincre aussi, et ce fut long; puis enfin on eut à compter avec la Kabylie; mais ici on a été plus sage et plus modéré. Pendant ces périodes guerrières, l'état de siège fut permanent et amena la création de ces fameux *bureaux arabes*, espèce de petits proconsulats sans corrélation entre eux qui livraient le vaincu pieds et poings liés à des officiers subalternes, chez qui le sentiment de l'honneur, qui bat sous tout uniforme français, ne suffisait pas pour en faire *subito* des agronomes entendus, d'habiles administrateurs et des juges éclairés, dans l'exercice d'un pouvoir exécutif et sans contrôle, sans autre direction que quelques circulaires dont la puissance n'allait seulement pas jusqu'à amener la suppression de la *bastonnade*. Nous ne croyons pas qu'il y ait jamais eu de conquérant ayant imaginé une plus triste condition que celle qui fût faite aux Arabes de l'Algérie. On les a dépouillés de leur sol natal en objectant, plus ou moins sérieusement, qu'ils l'avaient usurpé eux-mêmes, il n'y avait pas encore 10 *siècles*! Que pouvait-on faire de plus, à moins de les refouler jusque dans le désert ou de les exterminer? Ils ne nous ont qu'une seule obligation, et qui tient à ce que nous ne vivons pas, comme le Dey d'Alger, sous le précepte machiavélique de diviser pour régner, c'est d'avoir mis fin à l'état de guerre civile incessant entre les diverses tribus arabes ; toutes les peuplades sauvages vivent dans cet état normal et permanent d'hostilité qui est tout simplement l'exercice du droit *le plus universellement reconnu :* celui du plus fort. Encore si cette obligation était reconnue par les Arabes — mais nous en doutons : sans être tous des Spartacus, ils préféraient la guerre à la servitude.

On parle aujourd'hui d'une constitution ; elle va suivre de près la *décentralisation,* essai malheureux qui, par suite des conflits continuels entre l'administration militaire et l'administration civile, retarde encore davantage l'expédition des affaires sans leur donner une impulsion plus intelligente sous des *commissaires civils,* ni de plus sûres garanties sous des collecteurs de deniers non militaires. Cette constitution qu'élabore le conseil d'Etat, sera l'exécution de l'art. 27 de la constitution de l'empire. Elle sera la bienvenue, quelle qu'elle soit, si elle donne, avant tout, des gages de stabilité ; continueront-ils à faire défaut, le courant de l'émigration et des capitaux continuera à s'abstenir.

Cette constitution octroira le *budget spécial* et définira le sort des Arabes, fixera leurs *cantonnements,* et, en un mot, affranchira de l'ilotisme les 2,500,000 âmes musulmanes dont la France a charge. Si l'on ne donnait pas une base essentielle à la propriété territoriale, après avoir reconnu des usufruitiers du sol, on n'arriverait jamais à constituer une propriété sérieuse, et le régime imparfait des concessions continuerait dans son impuissance. Les Arabes, comme tous les usufruitiers, ne peuvent pas aliéner, et nous ne pouvons concéder ! Que de fois nous avons entendu dire à ces soi-disant usufruitiers: " On nous fait travailler le champ de nos pères, mais en " payant non-seulement la dime *(Achour, Hockor,* " *Zekkat),* les corvées en nature au gré des bureaux ara

" bes, les exactions du Caïd qui nous est imposé, mais nous
" servons encore une rente à des concessionnaires qui
" n'ont rempli aucune des conditions apportées à la
" jouissance de leurs concessions. Il n'y a que pour nous
" qu'on est impitoyable ; vous nous tenez hors la loi, et
" vous nourrissez encore la prétention d'être aimés et
" loués ! Patience — à la volonté de Dieu. — Il vous
" réserve un jour le sort de ces mêmes Romains dont il
" n'est resté, sur ces plages, que des débris de monu-
" ments, objets de votre admiration, et des charniers
" d'ossements dispersés, exemple de ce qui vous attend."

Sans doute les Arabes n'avaient pas de notaires et d'ar-
penteurs pour délimiter leurs champs ; ils les gaspil-
laient, pour ainsi dire. Vagabond par nature et peuple
pasteur, l'Arabe, qui cultive fort peu et n'est attaché au
sol par aucun intérêt individuel de propriété, a besoin
seulement de parcours pour que ses tribus nomades
puissent changer leurs tentes de place. Si le Coran leur dit
que toute la terre est à Dieu, ils ne sont pas aussi convaincus
qu'il ait dévolu la jouissance de celle qu'ils foulent de temps
immémorial aux peuples d'un autre continent. Les Indiens du nord de l'Amérique, ces peaux-rouges qui n'ont jamais frayé avec les Arabes, avaient été dans le même cas.
S'ils ne paissaient pas de troupeaux domestiques, ils
poursuivaient des troupeaux sauvages, et, chasseurs ou
bergers, ils avaient les mêmes besoins d'espace et de parcours, et encore bien davantage. C'était là un exemple,
une lumière sous nos yeux, et nous pouvions, à l'imita-
tation de ce qui avait réussi aux Etats-Unis, laisser aux
aborigènes, à titre d'usufruit, de vastes *territoires* pour y
vivre à leur guise selon leur mœurs, leurs lois et leur religion ; nous leur aurions payé le surplus de la terre que
nous leurs prenions. Tout cela n'est pas ruineux et on
parvient à vivre en paix, à constituer une société définitive, et même à une assimilation, à une fusion des races,
ou à voir s'éteindre la sauvage au profit de la civilisée.

C'est ce qui arrive aux Etats-Unis; les Indiens y sont très paisibles, quoique prêts à se battre, sans y être contraints, pour défendre les droits de ceux qui leur firent une part équitable. C'est ce que l'on ne voit pas en Algérie, où il est permis de douter que cela soit jamais. La loi de 1851 n'établit aucune distinction entre le possesseur indigène et le possesseur Européen, il est vrai; mais qui oserait soutenir que cette loi est franchement exécutée, et que nous n'avons pas continué à donner lieu à des reproches de spoliation?

Je me rappelle avoir assisté , sur le territoire de l'Orégon, à des marchés entre les commissaires des Etats-Unis et les pauvres *Tchinooks*. Ce n'étaient pas ceux-ci qui tenaient la plume; ils adhéraient à ce qu'on leur proposait, et sans beaucoup marchander. Dans une matinée, j'ai vu vendre et acheter des espaces qui couvriraient plusieurs de nos départements, et ces terres vierges étaient à payer, aux habitants primitifs qui y grouillaient, en plusieurs termes, partie en argent et partie en marchandises. Tout le monde se séparait heureux et satisfait après ces transactions honnêtes et honorables. Va-t-on enfin faire quelque chose de semblable avec les Arabes? Qu'on prenne garde surtout à ne pas se perdre dans les formalités paperassières, avec des commissions trop nombreuses qui dévoreraient plus en frais que ne vaut le fonds. Il faut procéder vite et sommairement. Ce que l'Arabe déteste le plus est notre voisinage, la contamination avec nous. En seront-ils débarrassés, et le *cantonnement* les isolera-t-il de notre contact tout en les affranchissant du joug et de la compression brutale des Bureaux militaires, et en consacrant le droit à la propriété chez eux comme chez nous? Mais pas de demi-mesure, pas du *resserrement* pressenti; qu'on procède largement, grandement, en vue du seul intérêt public, et non par des considérations puisées dans des ménagements pour l'amour-propre des *bureaux arabes*, ou s'inspiraɪt de la cupidité des Caïds. Tout est là ; la confiance ne peut naître qu'avec la justice. La force seule est impuissante à l'imposer, et 30 années d'occupation sont là pour le prouver. Cette répugnance de tout contact avec nous autres *roumis*, (ainsi qu'ils nous appèlent) répugnance qu'ils transmettent à leurs enfants, comme le serment d'Annibal, est si prononcée, que les caravanes, venant du désert, qui traversaient autrefois l'Algérie dépourvue de viabilité, la fuient aujourd'hui malgré ses belles voies de communications ; ils prennent à travers Tunis ou Maroc, afin d'échapper à notre vue et à l'obséquiosité de notre protection, dont ils rougissent et s'indignent.

On a constamment repoussé l'idée que tout autre qu'une sommité militaire fut apte à gouverner l'Algérie ; un maréchal fut toujours le seul jugé possible pour dominer ce pays conquis, quoique devenu parfaitement soumis. Ce régime du sabre est justement tout ce qui est le plus incompatible à la confiance des capitaux ; le règne de la force n'est jamais considéré par eux que comme temporaire. Il faut donc changer : si l'on n'a pas un grand économiste, un colonisateur éprouvé, à placer à la tête de la colonisation, eh ! bien, qu'on y mette une haute expression financière ; on n'aura que l'embarras du choix. Un grand capitaliste, le président de la Société d'Acclimatation, baron James de Rothschild, par exemple, vaudrait mieux que toutes les illustrations militaires. L'argent y attirerait l'argent, et avec l'argent la population. Comprend-on que, depuis plus de 30 ans, on ne soit arrivé qu'à une population européenne de moins de 200,000 âmes, chiffre inférieur à celui que dépassa la Californie en moins d'une année et à l'autre extrémité du monde ? Elle avait de l'or ! — L'Algérie en a de bien plus véritable !

Cette population blanche, dont la moitié n'est pas même française, se trouve en face de 2,500,000 Africains dans la proportion de moins d'un contre douze. C'est effrayant à penser ; si la France venait à être séparée de l'Algérie par une guerre maritime, que deviendraient les familles et les propriétés françaises ? Nous serions jetés à la mer et nos toits livrés aux flammes. Et l'on s'étonne de voir la confiance en l'avenir faire défaut, lorsque, placés en Algérie comme la papauté à Rome, nous ne vivons qu'au jour le jour, à la grâce de Dieu et sous la protection des bayonnettes françaises. Il n'y a que nous pour prendre de semblables positions, et les perpétuer sans entrevoir de terme à une solution ! Si l'on regarda comme une calamité que le prince Napoléon ne restât pas à la tête du ministère de l'Algérie, le découragement ne connut plus de bornes, quand l'empereur, dans son court passage sur la terre des Scipions, repartit sans avoir eu le temps de s'enquérir des besoins de la colonisation ; les moments si précieux de S. M. avaient été absorbés, accaparés, on peut dire, par l'armée et les *fantasias* arabes.

Si la conquête de l'Algérie fut à la fois une bonne action et une bonne affaire ; si elle emprunta une origine irréprochable à ce que, au lieu d'être un but d'ambition vulgaire, elle fut inspirée par un sentiment aussi chrétien que chevaleresque, il est par cela même dans sa destinée, comme dans son essence, de rester à tout jamais unie à la France, que ce joyau peut dédommager de tout ce que nous avons abandonné, perdu sans retour hors de notre territoire continental ; mais encore faut-il y créer la vie et le mouvement et se hâter d'y faire germer une population qui puisse y défendre, au moins intérieurement, sa vie et ses foyers. Jusque là, l'avenir restera sombre et couvert d'un voile.

Ce ne sont pas les villes qu'il faut chercher à peupler ; elles n'ont que trop de bras inutiles, portés comme nous le sommes à affluer au milieu des populations urbaines aux dépens des rurales. Il ne faut pas non plus tenir tant à la création de villages, au lieu de placer les établissements de la ferme au centre de l'exploitation; ce fâcheux système, qui n'a que trop été pratiqué, entasse les bâtiments les uns sur les autres et fait rayonner à distance, et sous une sorte d'impulsion centrifuge, les champs à cultiver. Ceux-ci sont toujours trop loin, tandis qu'à la porte des cultivateurs baillent entr'ouverts le cabaret et le billard, comme si nos compatriotes avaient besoin d'être si souvent tentés et de si près pour céder à de mauvais penchants. L'Arabe et le Berbère surtout, avec leurs imperfections nous sont supérieurs par plusieurs qualités : ils parlent beaucoup moins, ne hantent pas les cafés et les cabarets, vivent très sobrement et sans recourir à l'usage des liqueurs spiritueuses.

Comment ont été faites les grandes concessions jusqu'à présent, et à qui ont-elles été accordées ? — A des protégés qui n'ont même pas été visiter leur domaine, qui n'y ont versé aucun capital, à des *bottes vernies* et à des *gants jaunes*, qui espèrent dans le flot de l'émigration pour ui revendre partiellement leurs terres et qui, en attendant, en retirent plus ou moins sans travailler eux-mêmes, et par conséquent aux dépens du vrai travailleur. Et, l'on persiste à croire que celui-ci, prolétaire à perpétuité, quittera jamais son clocher pour aller au loin continuer à cultiver le champ d'autrui ! Ce ne serait pas la peine de changer de place. Si le Prolétaire se décide à s'éloigner du pays où tout est possédé, c'est pour aller là où la terre ne connaît ni maître ni fermier, là, où elle appartient à qui la met en rapport. Voilà le stimulant qui pousse les nombreuses émigrations vers les Etats-Unis, où il y a place pour tous les arrivants, protection intelligente de l'Etat, moins d'exploitation de l'homme par l'homme et de victimés par le capital.

En Algérie les concessions faites à de véritables travailleurs ne leur ont été octroyées qu'après des siècles de sollicitations, et, la plupart du temps, alors que le petit pécule qu'ils destinaient à mettre la terre en valeur avait été dépensé par la nécessité de vivre en attendant. Ces tristes exemples foisonnent. A-t-on enfin une concession, elle est exiguë, soumise à tous les degrés de l'oppression de la part de l'administration qui veut se mêler de tout, et qui entoure le malheureux colon d'une nuée de fonctionnaires l'entravant au lieu de l'aider. On veut que ce soit le colon qui soit l'obligé, qui vive en état d'infériorité devant le dernier garde-champêtre, et voilà l'erreur. C'est l'agriculture qui répandra l'abondance et la fécondité, commencez donc par l'honorer, par donner à cette mamelle nourricière le premier rang, surtout quand il y a dévouement à venir défricher le sol, à y verser ses sueurs et à y exposer sa vie. Faute d'avoir agi avec cette sagesse on s'est fait des ennemis de tous les concessionnaires. Rentrés en France, quand ils ne sont pas morts à la peine, ils font la plus exécrable réputation à l'Algérie ; et, de leur point de vue, c'est avec bonne foi qu'ils arrêtent ou détournent les dispositions à s'y rendre. Quelle différence avec ce qui se passe sur le continent des deux Amériques, soit aux Etats-Unis, soit à la Plata, d'où les lettres provoquent sans cesse une émigration qui peuple si vite ces diverses contrées !

La concession restreinte ne permettant pas l'élève du bétail, prive ainsi le colon d'engrais, et avec une pareille perspective, il n'a pas de cœur à la travailler. Ouvrez-lui l'avenir et si vous devez lui vendre, que ce soit à bon marché et à tempérament, pour ne pas commencer par lui enlever ses ressources. Quant aux concessions de forêts, à celles de chênes-lièges, qui sont des opérations à longues échéances, c'est de l'industrie. On ne concède là qu'à de riches capitalistes, et comme ce n'est pas, à proprement parler, de la colonisation, on devrait plutôt

vendre à l'adjudication que donner à des favoris. Le
Trésor public s'en trouverait mieux, et l'on n'aurait pas
tant à reprocher à l'Algérie ce qu'elle coûte annuellement
à la métropole.

Il y a chez nos chers compatriotes une très fâcheuse
disposition qui les porterait à préférer un emploi du
gouvernement à se mêler aux entreprises agricoles ou in-
dustrielles ; quelque difficile que cette tendance soit à con-
cilier avec leur désir de faire fortune *illico* et sans
travail, par un coup de dé, pour ainsi dire, il n'en est pas
moins vrai, que nous sommes un peuple sinon de laquais
au moins de solliciteurs, et que les emplois publics
sont aussi recherchés dans les colonies que dans la métropole. C'est d'eux qu'on semble tout attendre : honneur, fortune, considération. Nous brillons plus radieux
sous les galons du costume officiel que dans le commer-
ce, l'industrie et la culture. Si celle-ci s'est accrue de
l'exportation des primeurs, qu'on ne croie pas que ce sont
nos maraîchers qui ont donné l'impulsion. Elle est venue
des Espagnols principalement, de cette même nation
qu'on accuse de ne pas travailler son sol ! Ce sont le
insulaires Mahonnais, qui ont quitté leur île, où
ils ne pouvaient posséder, pour venir faire pousser les
légumes en Algérie. Nous avons entendu reprocher aux
Français leur incurie à cet égard, dans la réunion d'une
assemblée de Bienfaisance, le 16 février dernier, où
quoique présents en grande majorité, ils furent placés
comme travailleurs dans une catégorie bien inférieure
aux insulaires de Malte et des îles Baléares. Et les reproches portaient juste ! L'industrie maraîchère n'est
nullement pernicieuse pour la santé ; on peut la prati-
quer en famille et sans de grands capitaux ; c'est ce qui
doit d'autant plus ajouter aux regrets que nous lais-
sions monopoliser cette petite industrie par des étrangers. Il est vrai qu'il faut un travail soutenu et une vie
rangée pour ne rien perdre et ne pas arriver le dernier
avec les primeurs. La sobriété espagnole prime aussi les

besoins sensuels qui réduisent le salaire, et par la dépense
même et par la perte du temps, qui est aussi de l'argent.

En général, les émigrants français sortent trop des
villes et ne se ploient pas assez aux nécessités rurales.
Ceux qui arrivent avec des projets de concession vou-
draient déjà les trouver en rapport et n'avoir plus qu'à
récolter. Mais ils ont compté sans l'administration bu-
reaucratique qui les expédie si lentement, qu'ils ont le
temps de manger toutes leurs avances avant de donner
le premier coup de pioche, et le jour où l'on peut leur dé-
signer le champ de travail, c'est à l'hôpital qu'il en faut
aller faire l'appel. Non, en France on est trop porté à
compter toujours sur la tutelle du gouvernement. Si vous
pouvez rester, sans inconvénient, mineur au foyer natal,
devenez au moins majeur en émigrant ; revêtez-en les
qualités et dites-vous sans cesse, sur la terre étrangère :
Chacun pour soi et Dieu pour tous. Nous ne sommes
décidement pas un peuple colonisateur, malgré les exemples cités à satiété de St-Domingue et du Canada, qui
appartenaient à une époque et à un ordre de choses exceptionnels, qui ne sauraient se reproduire.

Un travail assez curieux serait le relevé de toutes les
concessions accordées depuis 1830 ; beaucoup seraient sur-
pris de voir que sous toutes les administrations les mêmes
principes dictaient les faveurs, et que personne ne désire
que la lumière se fasse. Mais ce qu'il y a de digne de re-
marque, est que dans cette Amérique du Nord, que nous
citons toujours avec plaisir, on avait aussi sous les Stuarts
donné les terres à des favoris par larges et immenses
concessions, afin que ceux-ci les revendissent en détail
aux travailleurs. La Virginie, la Caroline et d'autres
États, aujourd'hui si florissants, avaient commencé ainsi,
et n'avaient pas réussi. Il fallut arriver à retirer les concessions aux gens de loisir, et les repartir entièrement
aux travailleurs : ce fut le point de départ du succès, et
il en sera de même de l'Algérie. A l'avenir toute deman-

de de concession d'une importance dont le chiffre serait
déterminé, devrait être publiée d'avance, soumise à une
espèce d'enquête de *commodo et incommodo*, et le journal officiel insérerait dans ses colonnes les concessions accordées, depuis la plus modique jusqu'à la plus considéra-
ble, avec toutes les désignations et conditions.

Qu'on vende les terres publiquement à l'enchère, ou à
prix fixe, ou qu'on les aliéne à titre gratuit, peu importe si on s'y prend bien. Ce ne sera que par l'exploitation de ce riche fonds agricole, que l'on arrivera au
peuplement, à la richesse, à la grandeur, à l'assimilation
complète et définitive de l'Algérie à la France. On
comprend dès lors toute l'importance de la distribution
des terres, et qu'on ne saurait se trop attacher à adopter
enfin un système rationnel. On aurait du reste, un excellent point de départ qui consisterait à s'éloigner le plus
possible de tout ce qu'on a pratiqué jusqu'à ce jour ;
précédents condamnés par les faits aussi bien que par
tous les esprits sains et judicieux que l'intérêt personnel
et la mauvaise foi n'aveuglent pas.

Je puis citer un exemple qui me regarde et dont j'ai
conservé toutes les pièces. Il suffit d'exposer de tels faits,
pour qu'on puisse juger ce qu'un pauvre cultivateur, un
modeste paysan est à même d'obtenir du fond de son ha-
meau, quand on traite de la sorte les intelligences vivant
au contact de la justice distributive.

On m'avait engagé à aller en Algérie et à demander
au préalable une concession en me soumettant aux règles
de droit commun imposées à cet effet. Je fis ma demande, le 3 juillet 1858, et je l'accompagnai d'un procès-ver-
bal authentique, passé devant M. le Juge de Paix de mon
arrondissement (le 2d), constatant, d'après le vœu du ré-
glement, que j'avais parfaitement justifié, par l'exhibition
des capitaux et par acte de notoriété publique, que je
pouvais mettre une concession de cent hectares en rap-

port. Cette demande arriva au gouverneur général qui la renvoya dans la province de Constantine, où, sur l'invitation qui me fut faite, j'établis un fondé de pouvoirs pour suivre auprès de l'autorité locale. Je fis, à cet effet, dresser une procuration dont un brave pharmacien de Bone eut la bonté de se charger, et, après toutes ces formalités, accomplies non sans frais et sans perte de temps, j'attendis... Une année et plus s'écoulèrent sans entendre parler de rien (j'aurais eu le temps de dépenser le capital de mise en valeur.) Enfin, le 30 septembre 1859, je reçu la lettre suivante du Ministère de l'Algérie et des Colonies, Direction de l'Intérieur, 3e bureau, N° 903.

" Paris, le 29 septembre 1859.

" Monsieur, par dépêche du 13 septembre courant, M.
" le Général Commandant la division de Constantine m'a
" soumis une proposition, ayant pour but de vous attri-
" buer la concession du lot N° 2, du territoire de Bou-
" Zorah, contenant en superfie 98ʜ 79ᴀ.

" Avant de prendre une décision à ce sujet, j'ai besoin
' de savoir si vous avez l'intention de fixer votre résidence
" en Algérie et d'exploiter par vous-même le terrain qui
" vous serait concédé, ou à défaut, quelles dispositions
" vous entendez prendre pour assurer sa mise en va-
" leur. Veuillez bien me fournir des explications à cet
" égard.

" Recevez, monsieur, l'assurance de ma considération.
" Le Ministre,
" secrétaire d'Etat de l'Algérie et des Colonies.
" Pour le ministre et par son autorisation.
" Le Directeur de l'Intérieur,
" ZŒPFFEL." (1)

---

(1) Ce même M. Zœpffel, par décision tout récente, vient d'être nommé Directeur des Colonies. On pense que ce n'est que provisoirement et pour passer de là au Conseil d'État. M. de Larbre, chef du cabinet du ministre, est déjà désigné pour être son succes-

Je ne perdis pas une minute, et, *le jour même,* sans renvoyer au lendemain, je fournis les explications demandées en répondant immédiatement au ministre la lettre suivante, que je portai moi-même au cabinet :

> " Paris, le 30 septembre 1859.

" Monsieur le Ministre,

" J'ai reçu la dépêche que Votre Excellence me fait " l'honneur de m'adresser en date d'hier.

" Il y a plus d'une année que je suis en instance pour " la concession du Lot N° 2, sur le territoire Bou-Zorah, " que M. le Lieutenant Général, commandant la division " de Constantine, propose à Votre Excellence de m'attri- " buer.

"Je n'attends que cette faveur *pour me rendre en Algérie* " *avec la ferme intention de me livrer sérieusement, par* " *moi-même et à l'aide de bras et de capitaux, à l'exploita-* " *tion de la concesssion que j'ai demandée uniquement dans* " *ce but.*

" Je prie Votre Excellence de vouloir bien avoir la bien- " veillance de m'accorder cette concession dans un bref " délai, pour me dédommager du long temps que je suis " à l'attendre, et qui est la seule cause que je ne suis pas " déjà à l'œuvre, dans cette petite part que je veux pren- " dre à la colonisation de l'Algérie.

" Je suis, avec un profond respect, etc.

" SAINT-AMANT."

Est-ce clair ? Etait-il possible d'être plus explicite ? Ne doutant pas d'une prompte satisfaction, je commençai mes dispositions de départ. Plus d'un mois s'écoule pourtant, et rien du ministère... Enfin, le 29 novembre, la lettre suivante de Constantine, vieille de trois se-

---

seur à la Direction des Colonies, et ce choix serait vu outre-mer avec une vive satisfaction. M. de Larbre, quoique fort jeune encore, est déjà vieux au service des Colonies et les connait mieux que personne dans tous les détails de leur administration.

maines, m'arriva par la poste. — Port 30 centimes.

" Algérie. — Division de Constantine. — Territoire
" Militaire. — Bureau des affaires civiles. — Colonisa-
" tion, le 8 novembre 1859.

" A M. Saint-Amant, à Paris.

" Monsieur,

" Par décision du 22 octobre dernier, M. le Ministre
" de la Marine et des Colonies a prononcé le rejet de la
" demande de concession formée par vous pour le Lot
" N° 2 du territoire de Bou-Zorah.

" Les motifs de cette décision sont que vous n'avez
" pas justifié d'une manière suffisante, de vos ressources
" pécuniaires ni de vos intentions de vous rendre en Al-
" gérie pour diriger l'exploitation de la concession qui
" vous serait accordée.

" Recevez, monsieur, l'assurance de ma considération.

" Le Général de brigade, commandant
" provisoirement la Division.

" Par Ordre :

" Le Sous-Chef de bureau chargé
" des affaires civiles de la Division.

" BONNE."

Quand je recevais cette lettre il y avait déjà cinq se-
maines, que la décision était prise ! (Du 22 octobre au
29 novembre 1859.) Décidément, on voulait me laisser
le temps de dépenser le montant des capitaux de mise en
valeur.

Je n'avais consenti à me prêter à aucune démarche, à
rien solliciter du prince Napoléon, qui m'a en toute circonstance montré la plus gracieuse bienveillance, ni de
M. de Chasseloup-Laubat, que j'avais l'honneur de voir
souvent pour l'accomplissement de mon mandat de la
Guyane-Française. D'après mon principe que *ce n'est
pas l'immigrant qui est l'obligé*, je n'aurais voulu pour rien
au monde solliciter comme une grâce particulière ce qui
était de droit commun, et qui d'ailleurs rentrait plus dans

l'intérêt de la chose publique que dans mon intérêt particulier.

Je me bornai à passer au ministère, où un garçon de bureau surnuméraire, qui m'avait eu quelques obligations pendant ma puissance aux Tuileries, et qui m'était resté le seul dévoué, me dit en confidence que cette concession avait été donnée au cousin-germain de la femme du Coiffeur d'une dame qui était du dernier bien avec un grand personnage... Il n'osa pas me le nommer. C'était inutile et je n'insistai pas.

O Capitaine Chinchilla, m'écriai-je, vous ne fûtes pas la première victime de ces tripotages, et je ne serai pas la dernière ! Ce sera toujours la même chose ; aussi bien fou qui s'en étonnerait et plus sot encore qui s'en plaindrait !

Il y a des gens, réputés d'un fort grand sens, qui proposent sérieusement de faire cultiver l'Algérie par des Chinois ou des Coolies, en un mot par de ces engagés que l'on va chercher à grand frais par delà les mers lointaines pour remplacer les anciens esclaves dans les colonies tropicales, où une philantropie exagérée ne permet pas de porter des Africains, parce qu'autrefois, dit-on, les nègres avaient été victimes de la traite. Passons. Mais pourquoi irait-on dépenser jusqu'à 1,000 francs par tête et quelquefois au-delà, pour amener de loin des races asiatiques sur un sol que les Européens peuvent d'autant mieux cultiver, qu'il est généralement moins ingrat pour eux que le sol natal ? C'est déjà bien assez de s'imposer de pareilles charges quand il n'est pas possible de faire autrement ; mais du moment qu'on peut supporter cette dépense préliminaire, c'est en France qu'il faut demander des engagés qui, moyennant un salaire assuré, iront travailler une terre salubre et *qui paie*. Comment mettre en doute la possibilité d'obtenir des émigrants, alors que, dans les siècles passés, moins disposés à l'émi-

gration, on en trouvait à foison ? Les recruteurs avaient
à choisir parmi des jeunes gens qui, pour le plus
faible salaire, allaient servir trente six-mois (dont ils
prirent leur nom) aux colonies, où ils étaient soumis à
des châtiments corporels, exposés à toutes les rigueurs du
climat auquel très peu résistaient; en un mot ces *trente-
six mois* étaient beaucoup plus maltraités que le nègre
esclave à perpétuité qui, après avoir été son compagnon
de misère, finit par le remplacer.

On devrait commencer par promulguer en Algérie le
code édicté pour les engagés et les engagistes. C'est une
sorte d'enrôlement qui ne blesse ni l'équité ni l'humanité, et qui ne déshonore pas plus un chrétien qu'un sec-
tateur de Brama ou de Mahomet. Mais cette sanction léga'e
est de rigueur pour la sûreté de l'exécution réciproque
du contrat. Ce que le blanc coûtera de moins à intro-
duire qu'un asiatique sera placé à intérêts comme fonds
de réserve, et capitalisé pour être remis à l'engagé à
l'expiration de son contrat, ou bien il se résoudra en sup-
plément quotidien de salaire.

Sans doute nous préférons le travail libre et individuel; mais enfin si l'on devait donner suite au système
d'engagement proposé avec ces mêmes races d'immigrants
qu'on transporte aux Antilles, sous la condition stipulée
de rapatriement à l'expiration de leur contrat, halte-là !
Nous réclamons la préférence due à tous égards aux
citoyens français, et nous attendons les objections.

Sans être fortement douée de l'esprit colonisateur, la
France possède pourtant de très bons ouvriers, des colons de valeur, et il faut bien que l'Algérie en ait vus de
ce calibre, car la quantité de terres mises en culture
avec les faibles moyens que présente la population, est
un sujet de juste étonnement. Il est certain que les
colons européens produisent autrement que les Arabes.
Ceux-ci ne se livrent pas à des défrichements; ils ne
débroussaillent pas, et se bornent simplement à gratter

l'épiderme du sol dans les portions qui ne sont pas in-
festées de palmiers nains, de tubercules sauvages et
autres parasites. Et pourquoi eussent-ils agi différem-
ment alors qu'ils avaient plus de champs qu'ils n'en
voulaient ensemencer? Pourquoi encore aujourd'hui dé-
fricheraient-ils ce qui n'est pas reconnu leur appartenir?

On nous avait dit depuis longtemps que la plaine de la
Mitidja, cet ancien grenier des Romains, d'où César se
vantait de pouvoir retirer annuellement 8 à 10 millions
de boisseaux de blé, était entièrement cultivée; on en-
tendait sans doute par là qu'il y avait droit de propriété
sur le tout par titres, et non par prise de possession, à
l'aide de la houe et de la charrue, ce qui est bien diffé-
rént. En parcourant cette plaine, nous voyions avec
douleur, tout en rendant justice aux fermiers qui y sont
installés, combien il y reste encore de bonnes terres non
défrichées. On ne fait qu'y continuer à en travailler,
et des meilleures, à la façon arabe, et les palmiers nains
pas plus que que les autres parasites n'ont été partout
détruits. L'industrie du crin végétal, qui tire parti de
l'extrémité de la plante de ce palmier, ne contribue en
rien à son extirpation, au contraire. On estime de 400
à 600 fr., ce que coûte le défrichement complet d'un
hectare, et beaucoup reculent devant cette dépense, surtout parmi les grands concessionnaires, qui laissent ainsi
se perdre la majeure partie de la concession octroyée, en
dépit des conditions qui la placent dans le cas de retour
au domaine. Pourquoi ne leur applique-t-on pas la
déchéance qu'ils ont encourue? Funeste condescendance
qui perpétue l'abus au profit de celui qui a démérité et
empêche de remettre en bonnes mains ce qui dépérit
dans les autres! Comme après cela l'étonnement de ne
pas réussir est bien de saison!

L'Arabe est capable de travailler. Ce n'est pas qu'il
tienne à gagner pour dépenser, car dans sa rapacité il
aime mieux enfouir ses trésors, et il s'en acquitte si bien

que souvent le dépôt enseveli est perdu pour sa postérité.
Que de *douros* ainsi disparus! Il a peu de besoins, et
par conséquent n'est point aiguillonné par le vrai stimulant du labeur. Il confie quelques semences à la terre
ou surveille ses troupeaux, mais, paresseux avec délice,
il n'est jamais aussi heureux que lorsqu'il se sent vivre
oisif sous les plis d'un burnous plus ou moins détérioré.
Vous n'avez chance de lui faire accepter un salaire que
lorsqu'il manque du nécessaire; sitôt qu'il entrevoit les
moyens de vivre sans travail, pour rien au monde il ne
s'engagera. Témoin la saison des figues de Barbarie: tant
que ce *cactus opuntia* prodigue ses fruits en maturité
sur le bord des grands chemins, dont les épines, mêlées
avec celles de l'Agave, forment les plus solides clôtures,
l'Arabe, seul ou en famille, accroupi sous le feuillage
protecteur, y passe tout le temps qu'il y peut cueillir
des fruits, ne faisant qu'allonger la main pour se sustenter: et il vit ainsi jusqu'à deux mois pendant la saison la plus chaude, mangeant, dormant et bénissant, quatre
fois par jour, le Dieu qui lui donne la pâture comme aux
petits des oiseaux. Ce n'est qu'après avoir dévoré la
dernière figue qui durant cette période fut la base de sa
nourriture, qu'il songe à regagner sa vie à la sueur du
front.

Il est pourtant de par le monde des gens très sensés
qui pensent que ce barbare n'est peut-être pas plus condamnable que tel avare qui ne songe qu'à entasser, et
qui meurt un beau jour sans s'être donné un instant de
repos ou de bien-être et, qui pis est, en ne laissant derrière
lui ni regret ni reconnaissance... *c'était bien la peine de
naître!*

Les diverses branches de l'administration française
auxquelles on a recours pour qu'elle détache des agents
capables d'aller organiser le service dans les dépendances d'outre-mer, ont généralement de la peine à se dessaisir de leurs meilleurs employés, et cela se comprend:

Ils déportent ce qu'ils ont de moins bien. Pour l'Algérie on fait exception : soit qu'il y ait bon vouloir de la part des sujets qui considèrent cette campagne comme avantageuse, soit que le gouvernement tienne à faire l'essai avec ce qu'il a de mieux, un fait acquis est qu'on y voit des hommes d'élite dans les divers services. L'Algérie semble traitée en enfant gâté, ou plutôt comme ces compagnies de discipline qu'on fait commander par les meilleurs officiers.

Les services de la marine, des Eaux et Forêts, de la poste, de la justice etc., etc., sont on ne peut mieux tenus par des fonctionnaires qui font honneur à leur corps.

Cependant, il y a encore beaucoup à dire sur la manière d'entendre ces services. Ainsi, la marine impériale, bien que sous les ordres d'un excellent contre-amiral, ne satisfait que trop imparfaitement aux besoins civils dont elle est chargée. Les rapports respectifs pour les voyageurs entre les différents points de la côte, et d'une côte reconnue très peu hospitalière, ne s'établissent que par les navires de l'Etat. Leurs excursions, régulièrement fixées, sont trop peu fréquentes, et les aménagements des navires ne sont nullement confortables. A prix même d'argent on ne peut obtenir une cabine, un lit; il faut se contenter du pont et y coucher à la belle étoile. Cela ne va pas à tout le monde, et pour les femmes, assurément, c'est très peu convenable à tous égards.

Le port d'Alger, en attendant la fermeture d'une rade susceptible d'être une des plus belles du monde, est sûr, commode, et néanmoins très peu garni de navires. On nous avait parlé de *mille vaisseaux* à l'ancre; à peine en avons-nous compté une cinquantaine, et encore en descendant complaisamment à des proportions microscopiques. Le pavillon français est à peu près le seul à y flotter, par suite des droits de tonnage excessifs qu'on fait peser sur les navires étrangers, toujours pour la *protection natio-*

nale. Comme fiscale cette mesure est nulle, les navires imposés s'étant retirés et se gardant bien de revenir. On n'a pas besoin d'arriver de Marseille, où la navigation est si animée, pour être frappé de l'état de marasme et d'atonie du port d'Alger. Deux jours s'écoulent quelquefois sans voir entrer ou sortir d'autres navires, de quelque importance, que les bateaux des Messageries Impériales chargés des malles. Leur service est régulier et très bien fait tant pour la poste que pour les passagers. Mais il serait important d'avoir des bateaux d'une marche supérieure. En moyenne, ils sont 48 heures à la mer; ils pourraient, avec de plus puissantes machines, faire la même traversée en douze heures de moins. Une nuit économisée serait beaucoup. Non-seulement la frégate cuirassée *la Gloire* en a fourni la preuve, mais les Messageries Impériales l'ont donnée aussi en faisant l'essai récemment, entre Marseille et Alger, des grands bateaux qu'elles viennent de construire pour l'Orient. Il est déplorable de voir, à Alger, une mer d'azur comparable à la rade de Naples, ne porter que quelques voiles blanches de pêcheurs.

Les Eaux et Forêts sont un peu trop administrées, comme en France, et l'on ferait beaucoup mieux de se moins préoccuper de l'incendie des forêts, qui, après tout, avait sa raison d'être, et d'apporter plus d'activité à diriger, par d'intelligents barrages, les cours d'eaux; ceux-ci, insuffisants, quand ils sont abandonnés à eux-mêmes, pour irriguer toutes les bonnes terres, porteraient partout la fécondité, si, au lieu de leur permettre de sortir de leurs lits, torrents dévastateurs au moment des pluies, on régularisait leur cours de façon à retrouver leur excédant à l'époque des sécheresses. Les Romains nous ont laissé des exemples dans ce genre, et, tout en admirant, en béats archéologues, la solide construction de ces ruines d'aqueducs et de barrages, nous ferions bien aussi de travailler à multiplier par toute l'Algérie cette économie si précieuse des eaux à un point de vue pratique, et, somme toute, qui rentre plus dans la compétence des Ponts et Chaussées que dans celle des Eaux et Forêts.

On parle d'une société anglaise en instance auprès du gouvernement pour obtenir le privilège d'une irrigation générale de l'Algérie. Le chiffre de son capital social (60 millions) lui laisserait la possibilité de l'exécuter sous l'autorité du gouvernement qui aurait à réglementer, dans l'intérêt public, les conditions de l'œuvre et à la favoriser dans toutes ses parties; mais on devait accepter provisoirement l'offre, et ne pas reculer sans cesse devant les améliorations, sous prétexte qu'on les réalisera toutes à la fois.

Nous avons déjà dit quelques mots au sujet des vastes forêts de l'Algérie, dont les concessions n'ont pas été généralement accordées en vue de l'intérêt public, soit pour les bois de construction et de marine, soit pour les chênes liéges, mais uniquement pour récompenser des dévouements ou favoriser des protégés. Quand l'ordre et l'économie présideront au budget local, on aura à revenir sur beaucoup de prodigalités militaires et civiles, et à rechercher quel est, pour l'avenir, le plus fructueux emploi à donner à ces richesses forestières dont la plus forte partie est, heureusement, encore entre les mains du domaine.

Il n'y a en réalité que deux services officiels par semaine pour la poste, entre la France et l'Algérie; le troisième n'est qu'accidentel quoique habituel. Ce n'est pas assez, et tous les jours au moins on devrait avoir un échange de dépêches avec la métropole. N'est-il pas singulier que les nouvelles entre l'Europe et l'Algérie soient plus distancées et moins fréquentes qu'entre l'Europe et l'Amérique du Nord qui est 7 à 8 fois plus éloignée? L'organisation postale n'a donc pas dit son dernier mot, malgré l'activité et l'intelligence de l'agent supérieur délégué par l'administration métropolitaine ; d'autant plus que les mauvais temps dans la Méditerranée, retardant encore la marche des paquebots, il n'est pas rare d'être jusqu'à 12 et 15 jours pour l'échange d'une correspondance. Le caprice des flots et des vents n'a pas été suffisamment prévu. De là, des retards, exceptionnels du reste, tandis que pour le service par terre, de province à province, ces délais de 15 jours et plus sont de règle ordinaire. Mais pour suppléer à la lenteur de cette *poste à bidets*, on a du moins à son service la télégraphie électrique ; elle nous transmet les nouvelles importantes de France, et sert encore plus à correspondre dans l'intérieur de l'Algérie, à l'aide d'un tarif des plus modérés pour lequel le public est mieux traité que dans la mère-patrie.

Quand on eut à organiser le service judiciaire en Algérie, on l'assimila aux autres possessions d'outre-mer, où, à cause de l'esclavage qui florissait alors, l'inamovibilité judiciaire n'existait pas. Il n'y avait aucun autre motif d'assimilation que le nom de *Colonie* qu'on donnait aux unes et aux autres ; n'importe ! le nom suffisait aux yeux d'une bureaucratie fâcheusement omnipotente dans ce bienheureux pays de France. On créa donc une nouvelle pépinière de magistrats, sans les investir de la plus sûre garantie d'indépendance et de considération. On n'a pas été plus d'une fois sans en être aux regrets ; mais qui ? — Ce n'est pas l'autorité malheureusement. En Algérie, il est pourtant injuste de se plaindre de la manière dont on est partagé. Et ce n'est peut-être que l'irritation d'un plaideur malheureux croyant avoir 24 heures pour maudire ses juges, qui aura inspiré l'article peu orthodoxe du journal, d'ailleurs modéré, qui vient de se faire officieusement *avertir* à ce sujet.

Le corps judiciaire, malgré son recrutement insolite, est arrivé, d'épurement en épurement, à composer un ensemble très respectable ; magistrature assise, magistrature debout, rivalisent de zèle et de lumières pour rendre bonne justice à tous, pendant que les tribunaux musulmans fonctionnent de leur côté pour connaître des causes de leurs coreligionnaires. Cette dernière justice a du moins la qualité d'être prompte et expéditive. On n'a à Alger qu'à traverser une cour pour se rendre de Ière Instance en Appel, et dans la même journée l'on sort de ce double prétoire jugé au souverain. Cela a bien son charme, surtout en présence d'une Cour Impériale dont la seule Chambre civile, trop chargée d'affaires, eu égard à son faible personnel, de remise en remise renvoie ses arrêts souvent au delà d'une année. On s'en plaint beaucoup et on a raison : Si une justice lente est un inconvénient partout, cet inconvénient devient une calamité dans un pays dont le mouvement doit être le principe, et où, pour aller bien, tout doit aller vite.

L'importance de l'inamovibilité serait d'autant plus grande que les justiciables, en passant la mer, se privent de l'institution du jury, aussi bien au criminel que pour les expropriations. Avec l'accroissement de la population française, nous ne doutons pas que cette institution du jury ne soit bientôt mise en pratique en Algérie, et nous voudrions en même temps y voir proclamer le principe tutélaire de l'inamovibilité, principe aussi précieux pour le jugeur que pour le jugé.

La police des villes et sur les territoires militaires est bien réglée ; mais les colons, et particulièrement ceux de la banlieue d'Alger, se plaignent de l'insuffisance de la part qui a été faite aux cantons ruraux. Nous avons recueilli de la bouche même d'un magistrat appelé par ses fonctions à instruire contre les crimes et délits, l'insuffisance des moyens non-seulement pour réprimer, mais encore plus pour prévenir. On déplore que la gendarmerie indigène n'ait pas été organisée. Ce corps, modelé sur celui des spahis, était entré dans les projets arrêtés par M. de Chasseloup-Laubat lors de sa tournée comme ministre de l'Algérie. Le travail a été fait, il est prêt, et ne demande qu'à être exécuté. Souhaitons que, comme cela arrive si souvent, son éclosion ne soit pas retardée jusqu'à ce que quelque grande catastrophe en ait révélé l'impérieuse néce-sité.

Un mot sur l'état des cultures.

La production des céréales, la seule réellement pratiquée jusqu'ici en Algérie, y sera toujours suffisante, quand on le voudra, pour rassurer la France contre toute crainte de famine ; mais il ne suffit pas de semer et de moissonner du blé, il faut encore pouvoir l'embarquer et pour cela le conduire de l'intérieur sur le littoral. Les moyens de transport font défaut, et de là résultent des différences énormes entre les divers marchés. Les rivières ne peuvent suppléer aux routes et canaux, et ce n'est pas en Algérie qu'on a pu dire, que les rivières n'ont été créées que pour alimenter les canaux. On a eu assez de peine à arriver lorsqu'il s'est agi d'en fouiller quelques-uns de défrichement. Il faut donc des chemins de fer, et l'on y travaille cette fois-ci sérieusement, grâce à la garantie du gouvernement, et à l'intervention de l'or anglais, qui vient même d'acquérir les terrains bordant le premier essai de chemin de fer allant traverser la plaine de la Mitidja ; mais on est si habitué aux plus monstrueuses déceptions dans ce malheureux pays, que même les yeux fixés sur le tronçon qui va relier Blidah à Alger, et dont les travaux sont évidents, incessants et touchent à leur terme, les colons doutent encore que ce soit sérieux et réel. Et cependant les dispositions se font déjà pour ouvrir cette première voie ferrée de 44 kilomètres, dans le mois d'août. — Cette solennité est destinée à former la plus intéressante partie du programme de la fête impériale, et l'on se permet encore de n'y pas croire.

Triste conséquence de la foi éteinte au cœur des populations ! Les Arabes nous honorent de la même confiance, et c'est elle qui a rendu les concours régionaux si laborieux à établir, parce qu'il a fallu finir par fournir preuve et caution, pour ainsi dire, aux régnicoles que ce n'était pas pour les leur *voler*, que nous leur demandions d'amener leurs produits au concours : Ni plus ni moins.

L'ingénieur d'une des principales compagnies de France était dernièrement en Algérie pour y étudier l'application des chemins des fer. Il se prononçait, à ce qu'il paraît, pour qu'on les y établît provisoirement à la façon américaine, sans courbes et sans pentes, avec des rails en bois. Dans trois ans il affirmait que l'Algérie pouvait être ainsi sillonnée de vapeurs. Nous ignorons jusqu'à quel point ce plan serait praticable, surtout à si bref délai, et quelle serait l'importance du capital engagé. Ceci est un détail dont il faut d'abord se préoccuper, surtout en Algérie où il n'y a pas encore abondance de capitaux, qui osent s'y engager. Cependant, comme il s'agit de *créer* des intérêts, et non pas seulement de se servir de ceux *existant déjà*, on ne saurait trop se hâter d'ouvrir des communications à la circulation encore primitive qui est la seule cause de la non-production, et par conséquent une perte de tous les jours.

Le tabac est une des plantes qn'on trouva à l'époque de la conquête. Mais *la Mission des tabacs* qui leur donna la Régie française comme principal débouché, développa prodigieusement cette culture des plus avantageuses pour les planteurs ; aussi de quelques mille francs elle est arrivée à compter par millions. Cependant les rigueurs de cette même régie, motivées il est vrai par un peu de relâchement dans la dessication et le manoquage, avaient imprimé un temps d'arrêt à la culture, il y a cinq ou six ans. Tout s'est arrangé et elle a repris depuis avec un nouvel entrain ; il ne faudrait qu'un peu moins de gêne dans les finances commerciales pour la rendre tout à fait brillante, d'autant plus que la guerre civile aux Etats-Unis a beaucoup réduit les existences, soit par la destruction du stock dans les entrepôts, soit en arrêtant la récolte sur pied.

L'huile d'olive de l'Algérie ne le cède en qualité à aucune des meilleures huiles de l'Italie. Bien supérieure à celle de la Provence, elle doit prendre la place de celle-ci sur le marché français. La Kabylie est en mesure de nous en fournir abondamment, et comme les Provençaux viennent d'arracher beaucoup de pieds d'oliviers qu'ils ont remplacés par de la vigne, moins susceptible de geler, la place de l'Algérie pour ses produits oléagineux se trouve ainsi toute faite. D'ailleurs la France n'est-elle pas tributaire annuellement de 30 millions de francs pour les huiles ? Le perfectionnement du pressurage en Kabylie achèvera, avec les nouvelles voies ferrées, par assurer un écoulement soutenu à toute l'huile que peut donner soit cette contrée montagneuse, soit le reste de l'Algérie, où la récolte des oléastres greffés ou à l'état sauvage n'est même pas toujours ramassée. Nous l'avons vue abandonnée sur les arbres, sans être recueillie, et tout récemment encore aux portes de la ville. Jamais l'olivier, qui croît partout, et qui atteint des proportions monstrueuses, n'y a gelé. Nous avons mesuré nous-même des pieds de 10 mètres de circonférence à la base du tronc. Le bois n'est pas sans valeur pour l'ébénisterie.

La production du coton, à présent qu'il s'agit de suppléer celui dont on était tributaire envers les Etats du Sud de l'Union américaine, présente les plus favorables chances que l'on puisse souhaiter. Il s'agit de combler un vide qui se compte par millions ; quelle que soit l'issue de la guerre civile dans l'Union, les cultures cotonnières ne s'y relèveront jamais au niveau de ce qu'elles

étaient, surtout par le passage de l'état d'esclavage à celui d'apprenti ou d'affranchi, auquel touche déjà la race
noire de ces contrées.

On a pu constater la présence de la culture du coton-
nier en Algérie, au delà d'une période de 600 années,
et cependant à notre arrivée on ne s'en occupait pour
ainsi dire que dans les pépinières.

On parle aujourd'hui d'une compagnie anglaise (toujours anglaise) qui nous viendrait en aide pour les co-
tons avec un capital de 25 millions de francs. Il est dom-
mage de partager, mais enfin dans une foule de circon-
stances la partie vaut mieux que le tout, et c'est le cas ;
en attendant que nous ayons des compagnies de crédit
agricoles, accueillons l'étranger porté de bonne volonté.
N'aliénons toutefois qu'avec réserve et sans trop engager
l'avenir. Et c'est, je pense, ce que vient de faire le gouvernement dans la concession de vingt-cinq mille hectares
accordée à la *Compagnie de Manchester*, qui va, au refus de
nos propres fabricants, entreprendre l'exploitation du coton
dans les marais éprouvés de la Macta. L'Etat avait à
faire ici une stipulation à l'égard de la prime annuelle
combinée avec l'aliénation du domaine public. Sauf dans
ses parties les plus élevées, tout le *Tell* algérien est
favorable à la culture du coton : c'est dire que 10 millions d'hectares pourraient produire ce textile ; climat,
nature du sol, émanations salines, toutes les conditions
sont réunies, surtout dans la province d'Oran, où il a pris
un tel développement que, depuis moins de dix ans, de
45 hectares il est monté à 5,000, pouvant donner
10,000 balles du coton que préfèrent les filateurs : Geor-
gie Longue-soie et Louisiane Courte-soie. Il est vrai
d'ajouter que la paternelle protection accordée d'abord
par l'empereur sur sa liste civile et finalement par le dé-
cret du 25 avril 1860, a été un des stimulants d'autant
plus énergiques qu'on se regarda pendant 12 ans, à l'aide ces primes subventionnelles, abrité contre toute
perte. La prime avait été en 1860—1861 de 3 fr. par kilo-

gramme pour le Longue-soie ; en 1861—1862 cette prime vient d'être fixée au chiffre inférieur, suivant les prescriptions légales, de fr. 2-75. Restent encore 10 années de protection, décroissante il est vrai d'année en année, mais plus que suffisante, si on sait l'utiliser, pour produire abondamment et par conséquent à meilleur marché. Trois conditions sont de rigueur : accroissement de main-d'œuvre et à salaire réduit, des engrais et de l'eau en abondance. Tout cela est possible ; que la pratique y arrive et le problème est résolu. L'Algérie se trouvera avoir pris la place que la guerre civile vient de ravir aux Etats-Unis, où le travail par l'esclavage, qui semblait avoir à fournir encore quelques années, est à terme, à l'honneur et à la gloire de l'humanité.

La question des engrais est compliquée de l'élève du bétail qui touche lui-même à la production de la laine, des suifs, des cuirs etc., et qui n'a besoin que d'un peu d'encouragement pour doubler et tripler promptement, tant parmi les populations arabes du *Tell* et des *Steppes* qu'au milieu de nos colons ; au delà même du Sahara on trouvera encore des tribus de nègres apportant des contingents de coton ; c'est une des cultures qu'ils abandonnent d'autant moins qu'ils produisent à très peu de frais ; nos rapports en se raffermissant avec le Soudan peuvent aussi nous procurer des travailleurs parmi les nègres de l'Afrique centrale, dont l'exportation par mer est prohibée par les traités internationaux, mais qui conservent la faculté locomotive de venir cultiver nos oasis du sud de l'Algérie. Décidement le temps de l'Afrique est venu de succéder à l'Amérique.

La vigne semble appelée à jouer un bien grand rôle dans l'avenir de l'Algérie. La religion des populations indigènes leur interdisait de boire du vin, aussi ne cultivaient-ils cette précieuse liane que pour absorber le fruit *en pilules* et non pas en *purée*, suivant le langage pittores-

que de Rabelais. Mais depuis la conquête on a considé-
rablement étendu les plantations viticoles ; les Arabes
vendent la vendange aux Européens, et l'on récolte aujour-
d'hui suffisamment pour que ces vins du crû soient d'un
effet déjà assez sensible sur le relevé officiel des douanes
et motive les plaintes des importateurs. On ne sait pas
encore très bien faire le vin, d'autant plus que nos colons
ont substitué les cépages français à ceux des Espagnols,
les seuls qu'avaient cultivés les Arabes; aussi, blanc ou
rouge, ce vin n'est-il pas toujours de conserve et perd-il
plutôt qu'il ne gagne en vieillissant.

On trouve également qu'il a trop de feu, ce qui le fait
peu rechercher en France ; mais, par compensation, déjà
beaucoup d'Anglais, appréciant le défaut reproché comme une qualité, après l'avoir reconnue sur les lieux, ont
commencé à en exporter chez eux.

Que l'éducation pour la viticulture se perfectionne, que
l'on y apprenne *l'art de faire le vin*, ce qui n'est pas chose aussi facile qu'on se l'imagine, car beaucoup de
contrées en France sont encore dans l'ignorance sous ce
rapport, et l'Algérie, on le lui a déjà prédit, deviendra
un des grands et bons vignobles du monde pour la qualité comme pour la quantité. Il est impossible de manger de meilleurs raisins, et la colonie conservera toujours
d'ailleurs sur sa métropole deux avantages positifs pour
ses vendanges : La vigne ne gêle jamais et le raisin mûrit
toujours.

Le clergé catholique est dirigé par un Evêque d'un esprit supérieur. Il ne cherche pas à forcer le prosélytis-
me, qui du reste est reconnu sans succès sur les modernes Sarrasins. Le chef de ce diocèse, le plus grand peut-
être de la chrétienté, fort attaché à ses ouailles comme à
ses devoirs épiscopaux, depuis longues années, est d'une
activité prodigieuse. Il semble doué de cette faculté d'u-
biquité qu'animaient la foi évangélique et les lumières de

St.-François-Xavier, tout en dirigeant un personnel régulier de simples desservants qui n'a jamais donné lieu
aux moindres récriminations. Les congrégations des deux
sexes ont en Algérie quelques raisons d'être par l'idée
religieuse qu'elles donnent de nous au fanatisme musul-
man, scandalisé souvent par l'apparente indifférence chez
plus d'un laïque catholique. Ces congrégations, aussi bien
que les deux séminaires, s'attachent à fournir l'exemple
de l'alliance de la prière avec le travail. Outre l'instruc-
tion religieuse et morale professée dans ces pieux établissements d'hommes et de femmes, ils offrent des modèles
pratiques ouverts à tous pour l'industrie et l'agriculture.
A l'imitation des anciennes abbayes de France renommées
par la qualité de leurs vins, les cénobites algériens am-
bitionnent aussi la célébrité à venir pour les vignobles
qu'ils ont complantés dans de favorables expositions ; et
j'avoue franchement, pour rendre hommage à la vérité,
que c'est dans leurs monastères que j'ai bu le meilleur vin
du crû, mangé le fromage le mieux fait et rencontré le
seul beurre irréprochable du pays.

Notre but n'était pas d'énumérer toutes les richesses
que présente cette belle contrée, une des mieux partagées
du globe entier ; mais nous ne pouvions nous dispenser
de passer en revue quelques-unes des principales. L'ex-
position universelle qui s'ouvrira demain à Londres
mettra bien mieux en évidence que ne le pourraient faire
toutes nos paroles, les progrès qu'a fait l'Algérie depuis
les six dernières années. Le nombre des exposants à
Paris en 1855 était de 600 ; aujourd'hui à l'étranger il s'est
maintenu au même chiffre. La place occupée par l'Algérie
est insuffisante pour tout contenir, et cependant, sous une
active Direction, elle a obtenu à elle seule un périmètre
aussi grand que toutes les autres colonies françaises ensemble. Il est vrai que celles-ci n'ont rien de nouveau à
étaler et qu'elles ne comptent que 255 exposants.

Après la grande part faite à la critique, il nous reste à

dire à présent ce qu'il nous semble possible et du devoir de tenter pour faire sortir enfin cette possession de l'état précaire et misérable, c'est le mot, dans lequel elle se traîne depuis si longtemps, à la surprise générale de tous ceux qui la connaissent.

Nous pouvons nous tromper, errer de bonne foi, mais nous devons revenir sur la conduite tenue, et à peu près poursuivie, dès le lendemain de la conquête. Elle a influé sur toute la suite. On édifiait militairement sur une base fausse un pays qui n'avait pas été organisé depuis l'occupation romaine, et dont, depuis ces 2,000 ans, les éléments sociaux étaient devenus tout-à-fait dissemblables. Nous le répétons donc une fois de plus : " On sut vaincre et on ne sut pas être juste." Quand on a terrassé un ennemi, on ne prolonge pas la situation en lui tenant le couteau sur la gorge. On l'enfonce ou on lui tend généreusement la main pour le relever. On n'a fait ni l'un ni l'autre franchement, et l'on a seulement prolongé, sans la définir, la situation de vainqueur et de vaincu, de conquérant et de conquis, d'oppresseur et d'opprimé. Sans doute, il y a des *parias* dans les cent millions d'Indous britanniques, mais ce ne sont pas les Anglais qui les ont faits *parias* ; tandis que nos bureaux militaires n'ont jamais traité autrement les Arabes et les Kabyles. Fallait-il *refouler* une population ennemie dans le désert ? — Elle n'y aurait pas pu vivre. Les exterminer ? — On n'extermine pas 2,500,000 individus pour les dépouiller. Tout s'y oppose.

Il fallait savoir s'arrêter à un des nombreux exemples que nous offre l'histoire d'un peuple conquis par un autre. Nous ne pouvions pas sans doute, comme les les Tartares vainqueurs des Chinois, nous laisser gagner par la *civilisation* de pareils vaincus ; mais si nous ne voulions pas des Arabes seulement pour tributaires, si c'est leur sol même qui nous convenait, et c'était là leur malheur, nous devions nous les assimiler, les élever jus-

qu'à nous, prendre la charge entière avec les bénéfices.
Certainement il y a des inconvénients, transitoires surtout, à donner sa nationalité à des barbares dont les
mœurs et la religion sont si différentes ; mais enfin cela
s'est vu de tous temps et se voit encore tous les jours, en
vertu du principe établi, que toutes les fois qu'un pays
est conquis et ANNEXÉ, les populations passent immédiatement de la juridiction de leur ancien pays sous celle du
nouveau.   Encore dernièrement la Savoie.

Nos ancêtres druidiques devinrent Romains, et certainement c'était la barbarie alliée à la plus brillante civilisation.   Les Arabes, les Kabyles, les Juifs, en un mot
tous les régnicoles de l'Algérie devenant français seront
une force pour nous, au lieu de rester une cause de faiblesse dans le juste et profond ressentiment et dans les
rancunes légitimes qu'il faut tenir constamment en échec
avec une nombreuse armée, et en couvrant le territoire de
casernes et de fortifications.

La Constitution de 1848 a déclaré l'Algérie un territoire français ; la Constitution de l'empire livrait les
colonies à un sénatus-consulte. Elles en obtinrent toutes
le bénéfice, à l'exception de l'Algérie qu'on ajourna en
la privant de tous ses droits dans le suffrage universel.
On alla même jusqu'à la placer sous le régime de la loi
martiale ! Ce ne fut qu'après plusieurs années de cet
état de siège, qu'il fut enfin levé le 30 août 1854.

Après tant d'épreuves au milieu d'une profonde tran-
quillité et d'une complète résignation, est-il trop ambitieux de vouloir sortir du provisoire et de demander
qu'on ne fasse plus du transitoire ? Qu'on renonce à ces
atermoiements qui sont également mortels en éloignant
de plus en plus le peuplement et le capital ?

Avec l'assimilation et le cantonnement, nous n'aurons
plus besoin d'une armée de 70,000 hommes en Algérie ;
le chiffre de 30,000, que fixait, déjà en 1843, le prince
Louis-Napoléon, sera suffisant et au delà.   Au lieu de

laisser les troupes au centre même, casernées dans les villes de l'intérieur, on les répartira dans les forts où elles commanderont suffisamment la soumission et préviendront tout rassemblement ou soulèvement. Elles n'y seront plus en campagne et y tiendront garnison comme dans les places fortes de la métropole, ce qui ne surchagera plus le budget militaire de cet excédant de solde qui contribue à tant faire crier contre ce que nous coûte annuellement notre occupation d'Afrique. La paye en France ou outre-Méditerranée sera dès-lors tout un, et la vie étant plutôt à meilleur marché que plus chère en Algérie, la troupe qui y tiendra garnison ne sera nullement victime, au contraire. Mais le fief militaire aura disparu — adieu puissance et gros appointements !

Nous ne parlons pas du travail qu'on peut obtenir de l'armée autant dans ses intérêts que dans le nôtre. Mais quand en Algérie elle ne régnera pas et ne gouvernera plus, peut-être sera-t-il aussi heureux, et pour elle pour nous, d'utiliser et de transformer ses qualités destructives en qualités productives.

Elle s'assimilera ainsi aux vieilles phalanges romaines qu'elle égala déjà par la vaillance ; tout en écartant l'oisiveté et l'ennui de la garnison, elle s'y créera un pécule avec lequel, à l'expiration du service militaire, le soldat pourra mettre une concession de terre en rapport. Une caisse du travail pourrait être créée, comme on a créé celle de l'exonération, afin que la répartition individuelle fût proportionnée et relative à la somme du travail en commun.

La population arabe, déjà éprouvée dans les rangs de notre armée, serait appelée à supporter sa part du fardeau imposé par la loi du recrutement. Elle s'en est montrée digne par sa bravoure. Ce n'est pas sur son territoire qu'elle servirait, mais elle formerait des régiments spéciaux que l'on pourrait substituer avantageusement aux *régiments coloniaux.* Ceux-ci, recomposés avec des races africaines, seraient bien plus aptes à aller supporter les rigueurs du climat tropical que les pauvres européens transportés dans les sables du Sénégal, au milieu des vases de la Guyane, ou sur les attérissements empestés de Madagascar, champs de bataille meurtriers où l'avancement est rapide, il est vrai, mais déplorablement rapide !

La fusion, l'amalgamation, l'assimilation sympathique en un mot, se compléteraient avec le temps. Que la loi commence par la déclarer, et ce principe bien posé, l'émulation, la confiance renaîtront ; ce sera à qui retirera le plus de ce sol suffisant pour rémunérer tous ceux qui le travailleront sérieusement. Mais il faut une décision tranchée ; plus d'équivoque possible, plus d'arrière pensée, et que toute latitude soit laissée à l'initiative d'un chacun. Que le rôle de l'autorité se borne à une surveillante invisible et à ne se montrer que lorsqu'il y a nécessité rigoureuse pour empêcher les conflits et faire respecter les droits de tous. Enfin ce n'est même que par un peu de désordre dans la liberté, désordre qui en est le *critérium*, que l'on peut commencer à bien coloniser. Tout régler, vouloir tout prévoir, c'est là qu'est le danger. *Laissez faire, laissez passer ;* plus tard l'Etat interviendra et rentrera promptement alors dans les droits d'autorité et de redevances dont il aura momentanément su faire un judicieux abandon.

L'Algérie ayant été positivement déclarée terre française, ses habitants ne peuvent plus avoir d'autre nationalité ; l'on peut même ajouter que le sol algérien ne sera véritablement français que lorsque tous ses habitans, sans autre exception que les étrangers déjà nationalisés, seront reconnus tels. Dans la si grande diversité de races et de religion que présente l'Algérie, où il y a encore quelques vieux Turcs, des Maures, des Arabes fixés, beaucoup plus de nomades, des Juifs, des Berbères (vrais régnicoles), sans doute la question de naturalisation se présente sous plusieurs faces, mais il faut procéder de la manière la plus large; se jeter dans les catégories et les exceptions serait le moyen d'éterniser une décision, un résultat ; on n'en sortirait pas. Un parti tranché, même laissant à désirer, est préférable. Toutes les positions actuelles sont fausses, à commencer par les Français qui ont perdu, en allant s'établir en Algérie, leurs droits électoraux et les juges naturels *dont ils ne pouvaient être distraits.* Il y a certainement une modification à faire dont on pourrait s'occuper simultanément, car il est anormal de pousser des citoyens à émigrer quand c'est leur offrir, avant tout, la perte du peu de droits civils et politiques qu'ils ont conservé.

Les étrangers en Algérie resteront attachés à leur propre nationalité jusqu'à ce qu'ils aient demandé eux-mêmes à devenir français, et alors la loi algérienne devra peut-être se montrer moins rigoureuse, surtout pour les délais, que notre législation métropolitaine. Ceci est secondaire; l'important est de statuer sur les indigènes, sur ceux à qui notre conquête a fait perdre toute position. Etre Algérien aujourd'hui ne veut rien dire. Il faut que la loi se prononce et que nous nous décidions de bonne grâce à appeler un Arabe, un Kabyle, notre frère et notre concitoyen, sans y apporter plus de répugnance que les fiers enfants d'Albion à l'égard des Hurons et des Iroquois, et que nous-mêmes, sans aller chercher si loin, quand, en 1848, du jour au lendemain, nous descendîmes les égaux des esclaves de nos colonies : et parmi ces nouveaux citoyens, il y en avait plus d'un qui ne parlait pas un mot de français et qui sortait de peuplades anthropophages, ayant mangé du missionnaire chrétien, et n'ayant peut-être pas tout-à-fait perdu le flair ni le goût de la chair humaine. Il ne fut pourtant pas question de faire une seule exception, et, appelés au suffrage universel, c'est à eux que nos assemblées durent des représentants d'une nouvelle nuance. Aujourd'hui qu'il n'est pas encore question d'aller jusque là, ne fesons donc pas de façons ridicules pour admettre comme citoyens un peuple de pasteurs qui n'est pas sans quelques vertus hospitalières, un peuple qui sut se battre pour défendre son indépendance et qui a combattu ensuite, dans nos rangs, sur nos propres champs de victoires, s'ennoblissaut ainsi à nos côtés dans le métier des armes. Nous aurons alors substitué à des haines, qui ont leur raison d'être, les sentiments qu'inspirent toujours la justice unie à la générosité et à la grandeur. C'est à tort qu'on mettrait en avant que les indigènes ne veulent pas de notre nationalité. Sans doute, à presque toutes nos mesures, à ce que nous leur demandons, à ce que nous leur offrons, ils opposent d'abord une espèce de blâme, de refus, une sorte de *Timeo*, et cela tient à une méfiance de vieille date ; mais sans se mêler tout de suite avec nous, ils ne pourront qu'être très fiers d'être nos égaux, d'occuper des fonctions publiques tout en conservant leur Coran dans sa plénitude religieuse et dans la majeure partie de sa loi civile. Ce ne serait pas respecter la foi musulmane que de bouleverser subitement la loi du Coran au titre du mariage, en alléguant qu'il tolère et n'ordonne pas. Nous ferons à ce sujet, au moins provisoirement, comme les Anglais qui n'en ont pas moins assimilé à leur nationalité les Indoux mahométans polygames. Plus tard on avisera, et, malgré l'importance de ce détail, il peut être sagement ajourné.

Une de nos grandes surprises, il faut l'avouer, est la conduite d'Abd-el-Kader, dont les troubles de Syrie avaient moralement relevé le caractère. Il affecte un culte d'adoration pour l'empereur, et l'on n'a jamais entendu dire pourtant qn'il ait essayé, auprès de S. M. une intervention quelconque en faveur des castes dont il fit le malheur en exaltant leur fanatisme par la guerre sainte. Si cet ancien chef y a renoncé sans arrière-pen-

sé, comment n'a-t-il pas à cœur de procurer pacifique-
ment une meilleure destinée à ses coréligionnaires, en
rendant à César ce qu'on doit à César, en échange de sa
protection et d'une grande tolérance pour leur culte,
sans avoir besoin qu'elle aille jusqu'à confesser que *Dieu
est Dieu et Mahomet est son prophète?*

Le rôle était beau encore, car la parole de l'émir pouvait beaucoup et son intervention toute officieuse deve-
nait une garantie, une réparation à l'avantage de tous.
Ou Abd-el-Kader est toujours le même ambitieux qui n'a
pas renoncé à l'affranchissement par la force, ou il vit
dans une indifférence égoïste et n'a pas conservé d'en-
trailles pour ceux qu'il a perdus ; oui, sans vouloir l'offen-
ser, le dilemme semble naturellement posé et résolu.

Quoiqu'il en soit, après cette grande mesure du cantonnement il faudra passer rapidement et sans transition
à la colonisation ; par la transformation de la condition
économique des Arabes, on aura étouffé le volcan devant
lequel la confiance hésite et recule. Quand on aura cessé
d'être sur le qui-vive, les capitaux se montreront alors
et, à défaut de ceux de la France, on aura ceux de l'é-
tranger qui n'attendent que la sécurité en l'avenir pour
se répandre et prendre notre place.

Que l'on vende les terres du domaine public ou qu'on
les concède, n'importe le mode de l'aliénation, si, ainsi que
nous l'avons déjà dit, la mesure est bien prise et bien
exécutée, car la façon de faire est ici capitale. On devra,
au préalable, faire rentrer toutes les concessions dont
les conditions n'ont pas été remplies, procéder avec éner-
gie et sans de ces fatales complaisances qui paralysent
les meilleures mesures. Cette déchéance sera d'abord
d'un bon effet pour l'avenir, surtout en évitant soigneuse-
ment de se briser de rechef contre le même écueil. À
l'inverse de ce qui se pratique dans les vieilles sociétés,
l'impôt foncier, quand le moment de l'établir sera possi-

ble, devra être basé sur la surface et porter, non pas sur les parties cultivées et en rapport, mais au contraire sur celles que l'incurie et la négligence auront laissées à leur état naturel, sans jamais remonter à l'origine des propriétés, qu'elles aient été vendues, concédées ou trans mises héréditairement.

, Les premières conditions à imposer à tout propriétaire sont le défrichement, la clôture, l'habitation et l'ensemencement ou plantation. Pour mettre ainsi en rapport une terre en friche, il faut quelques ressources aux colons, qui ne doivent entreprendre la tâche que lorsqu'ils ont ces ressources devant eux, qu'elles soient le résultat d'un pécule apporté ou qu'ils l'aient accumulé par l'économie sur le salaire. Il est malheureusement trop prouvé que le colon, en face d'une concession à défricher, a besoin d'être fourni de l'abri, de la semence, du bétail et d'une certaine avance pour s'alimenter. Avec tout cela il ne se trouve qu'au pair au bout des trois premières années, et encore à la condition de s'être toujours bien porté sans solution de continuité et d'avoir vécu aussi sobre que laborieux.

Ces mesures bien prises, bien réglées, qu'on ouvre la porte à tous, qu'on jette un pont entre les côtes de la France et de l'Algérie par une navigation active, au moyen des navires de l'Etat qui pourrissent dans les ports. Ce sera quelques tonnes de charbon de plus qu'il en coûtera pour transporter sur le pont tous ceux qui voudront passer de la métropole dans la colonie. On pourra s'embarquer à l'heure du départ sans autre condition que d'avoir sous le bras un pain de 4 livres. L'eau douce sera délivrée gratuitement à bord. Voilà le seul contrat des charges réciproques : l'on débarquera en Algérie comme on sort de traverser un viaduc sans péage.

Mais en donnant ainsi à tout individu français ou étranger la faculté d'aller peupler l'Algérie, comme on ne doit pas néanmoins faire de cette colonie le réceptacle des paresseux et des vagabonds de tous les pays, les lois locales seront des plus sévères pour punir l'homme sans moyen d'existence qui se refuserait au travail, et qui ne prendrait pas tout de suite une position l'attachant à l'œuvre de la colonisation.

Après lui avoir facilité tous les moyens d'employer sa capacité, quelle qu'elle soit, à l'aide de bureaux d'immigration ou de placement fonctionnant activement au lieu du débarquement, si l'immigrant demeurait dans une position équivoque et d'après laquelle il ne pourrait vivre qu'en s'imposant comme une charge ou par des pratiques coupables, il serait tout de suite traduit devant un tribunal de police *ad hoc*; ce tribunal jugerait s'il n'est pas en état de vagabondage, auquel cas il serait, la première fois, envoyé, pour un temps donné, dans un atelier où le travail serait obligatoire, et deviendrait plus rigoureux en cas de récidive ou d'insubordination.

A cet effet, le gouvernement local, pour les travaux d'utilité publique, tels que grandes routes, chemins de fer, barrages, irrigations, drainages, etc., etc., aurait toujours des ateliers plus ou moins nombreux à l'entreprise ou en régie, dans lesquels les ouvriers recevraient un salaire pouvant suffire à leurs besoins au moins, et obtenir au-delà, selon leur capacité et leurs œuvres.

Les bureaux de placement recevraient à la fois les demandes et les offres ; ils tiendraient le registre ouvert à tous les industriels, commerçants, agriculteurs et émigrants qui auraient recours à eux, et désigneraient le plus rapidement possible les individus réclamant de l'ouvrage ; le tout serait fait sans rétribution, avec une bienveillance marquée et comme l'accomplissement d'un devoir civique et fraternel. On ne saurait trop se tenir en garde contre la brutalité et l'indifférence des employés. Ces bureaux, à la fois officiels et officieux, devraient emprunter jusqu'aux formes prévenantes des agents des compagnies d'émigration qui, à l'arrivée des navires dans les ports de débarquement, s'emparent des émigrants auxquels ils indiquent immédiatement les points où le travail les attend, et leur facilitent les moyens de s'y rendre à peu de frais.

Les droits de tonnage devront être abolis afin de ramener les pavillons étrangers dans le port. Quand on pourra supprimer les douanes ce sera pour le mieux, mais en attendant il importe de reviser le tarif et de le combiner de façon à ce que la métropole ne regarde pas à quelques sacrifices présents pour les produits naissants. Comme il n'est pas possible d'indiquer ici les chiffres de ces compromis, nous devons nous borner à réclamer la seule application du principe.

La sagesse du gouvernement impérial déterminera la subdivision du territoire, la nature et le nombre des fonctionnaires civils qui feront respecter l'autorité métropolitaine, sans gêner le développement de la colonisation. Que cette autorité, douce et paternelle, ne cherche pas à influencer le colon, qu'elle le laisse à sa propre initiative pour qu'il apprenne à se bien suffire à lui-même. N'oublions jamais que les pays les moins bien traités en apparence par la nature sont les mieux aménagés par leurs habitants, s'ingéniant sans cesse à suppléer à ce qui leur fut refusé. Lorsque au contraire la Providence fut trop prodigue de ses dons, l'usufruitier, négligent, semble ne vouloir pas s'aider ; il ne cherche qu'à jouir et se contente, sans y ajouter une somme de travail proportionnelle, de ce qui lui fut généreusement octroyé. Aussi la production marche-t-elle à raison inverse de la valeur naturelle de la contrée. Prenons les exemples sous les yeux : l'Angleterre sous son climat brumeux doit à la supériorité de son agriculture de retirer 135 francs annuellement de l'hectare ; sous un ciel plus clément, en France, nous n'atteignons que 100 francs et enfin en Algérie, sur cette terre de promission, 5 francs l'hectare est la moyenne. Mais aussi combien d'hectares n'y ont pas encore senti la main de l'homme!

En résumé trois points principaux sont à résoudre :
1ᵉ Transformation radicale dans la condition politique et l'ordre économique des populations indigènes ;
2° Substitution complète de l'administration civile au régime militaire ;
3° Aliénation libérale des terres.

A la veille du jour où les premiers corps de l'Etat vont s'occuper de présenter une Constitution qui deviendra une question de vie ou de mort pour l'Algérie, nous osons mêler notre voix à celles plus éloquentes qui retentiront bientôt sous les voûtes législatives. La pureté de nos intentions, détachées complétement de tout intérêt personnel, nous doit mériter un peu de bienveillance et quelque indulgence. Nous ne sommes le plus souvent d'ailleurs qu'un écho fidèle des souffrances comme des espérances.

Toute tentative de colonisation, toute entreprise qui tend à fonder un nouveau centre de société humaine est un grand œuvre qui ne s'accomplit jamais qu'à l'aide de sacrifices; il est le prix des sueurs, des larmes et du sang des premiers pionniers. L'Algérie quoique voisine, malgré la magnificence de son sol et la douceur de son climat, a payé très-largement son tribut et n'est pas encore au terme... aussi, la mère patrie doit-elle une extrême bienveillance à ceux de ses enfants qui se dévouent à une pareille tâche. Sans regarder inquisitivement aux antécédents de tous les artisans d'une nouvelle colonisation, il faut leur tenir compte du courage de l'entreprise, des efforts dans l'exécution et des dangers auxquels ils s'exposent. Le premier colon, semblable au soldat qui monte à l'assaut, ne sert souvent qu'à ouvrir la brèche à ceux qui suivent. Le profit de la lutte n'est que trop rarement, hélas ! à celui, soldat ou colon, qui répandit ses sueurs, ses larmes et son sang ! SAINT-AMANT.